THE WORLD
ACCORDING TO

カール・ラガーフェルドの
ことば

THE WIT AND WISDOM OF
KARL LAGERFELD

Edited by Jean-Christophe Napias, Sandrine Gulbenkian
Foreword by Patrick Mauriès
Illustrations by Charles Ameline

カール・ラガーフェルド

中野勉 訳

河出書房新社

First published in the United Kingdom in 2013
by Thames & Hudson Ltd,
181A High Holborn, London WC1V 7QX

This compact edition first published in 2018

The World According to Karl © 2013 and 2018
Thames & Hudson Ltd, London
Text © 2013 and 2018 Karl Lagerfeld
Edited compilation © 2013 and 2018
Jean-Christophe Napias and Sandrine Gulbenkian
Foreword © 2013 and 2018 Patrick Mauriès

This edition first published in Japan in 2020
by Kawade Shobo Shinsha Ltd. Publishers, Tokyo
The translation right arranged with Thames & Hadson Ltd., London
through Tuttle-Mori Agency Inc., Tokyo
Japanese edition © 2020 Kawade Shobo Shinsha Ltd. Publishers

Printed and bound in China

目次
CONTENTS

規則やぶりな人 パトリック・モリエス 6

規則やぶりな人！

カール・ラガーフェルド（KL）と少しでも時間を過ごした人なら——「真実の」カールと、と言いたいところだ、マリオネットみたいな黒メガネで素顔を隠し、自分は見られることなく人を見るのが大好きだったから——なのでそれとは別のKL、というか、何人もいる別のKLの誰かひとりと付き合いのあった人なら誰でも知っているとおり、彼は〈いま〉に夢中でありながら、哲学者デカルトの文通相手だったプファルツ公女エリザベトとか、デファン夫人やジュリー・ド・レスピナス嬢など、18世紀フランスで文学サロンを催した女性たちとかの手紙を長く愛読し、そこに反映している生き方や、たぐいまれな知的洗練を深く心に刻んだ。どこかでKLとすれちがったことがある、でなければ、単にスクリーン上で見ただけの人でも、彼が信じられないくらい頭の回転が速くて、皮肉や毒舌のセンス抜群だったことは知っている。サロンというのは、たとえばそういうセンスを発揮する場であったわけで、KLは当然のごとくそれを受け継いでいたらしい。この点では彼の母親という先例があった。この本を読めばわかるとおり、KLはよく母親の話をしたが、当意即妙の受け答えということでは、息子にいささかも引けを取らない人だった。言ったことをあとから訂正するのはKLの得意では

なく，そのためあっけにとられるくらいの勢いでまくしたてたりもした．彼の面前では，たちまちこっちがしどろもどろになってしまうのだった．

　サロンで繰り広げられていたような華々しい会話が絶えて久しい．1960年代の末にひとつの世俗伝統の火が燃えつき，同じころにノアイユやらド・ヴィルモランなど一九世紀に根ざしていた社交界の花形たちもいなくなった，と考えてかまわない．この時期，新しいライフスタイル，人間関係の別のかたち，誰も見たことのなかったようなジャンルの文化が浮上してきた．そしてプレタポルテ（既製服）も．駆け出しの時代以来，ＫＬはずっとプレタポルテとつきあっていくことになったし，のちにはずいぶん活用するだろう．

　いまは「グローバル・サロン」の時代だ．そこでは会話よりもむしろ取引がメディアという大気を満たし，新しいものが入れかわり立ちかわりし，最新のできごとに通じているかどうかが死活問題である．ＫＬほどこういった時代性がわかっていた人はいない．アイセ嬢の手紙を愛読した彼は，何よりも一種のゲームとしてだろうけれども，数カ国語を駆使しながら，新聞雑誌が，そしてまた，いまではわたしたちを思いのままに操るようになっているあの電波，つまりテレビやラジオが，毎日あれこれとコメントをせがむのに対して気のむくまま応じてみせた．求

めるなら誰にでも与えられる言葉たち. たゆみなく再録され磨かれ, ふくらまされ, しまいには地球規模で拡散し, 大西洋の向こうでは某大統領の前髪を震えさせたりもするが, 同時にまた,〈いま〉という時間が騒々しく巻き上げる埃のなかに消えていってしまうさだめなのでもある. そんな状況を, KLはたぶんおもしろがっていただろう. 後世などまるでおかまいなしだったのだし, 本人の談によれば, ちりぢりになって消えていくことしか願っていなかったのだから.

　だからKLの言葉は, 一瞬の笑みを誘う以外には何の痕跡も残さないはずなのだが, この本の編者たちは彼ほど豪放磊落な性格ではないし, ちりぢりになってしまってはいけないから, まとめておくことにした. できあがったのは, いくつもの断面 (または章) から織りなされた肖像 (または自画像) とでもいったものだ. 人生に対するある種の見方が打ち出されていて, 欠けている部分もあるけれども, ある〈規則やぶりな人〉(ココ・シャネルがこう呼ばれていたのはご存じのとおり) のイメージを正確に浮かび上がらせていて, 心をつかむとわたしたちは思う. この肖像が真実なのかどうかを決めるのは読者だ. しきたりに挑戦するよりも, 自分自身の価値観を, 公正さのひとつのかたちを, 徹底的に打ち出そうとするこの人物が, どれほどの知性と複雑さをもっていたかを感じとっていただきたい. カール・ラガーフェル

ドのように，仮面で素顔を隠したり本心を明かさずにいる術に長けていたりする人だけが，至上価値として透徹した意識，また，可能な範囲で自分自身について冷めた認識をもつことができたのだ．

　本書にかかわった人々はいろいろだが，共通点が少なくともひとつある．印刷物に，あらがいがたく非合理なまでの情熱を傾けているという点だ．ＫＬは現代的な，超現代的な人ではあったけれども，本を買うときはいつも三冊購入したという．一冊目は読み，二冊目は切り抜き，三冊目は自分が複数所有している書庫に送るのである．そこまで贅沢ではないものの，編者たちの中には，あらゆる意味で本の取引とつながっている人間もいるし，他方，本が存在理由である，というか本を食べて生きているような人間もいて，日々新たな戦利品を買いこんでくる．そんなふうだから，ＫＬという自由な精神の持ち主，何につけ意見がはっきりしていたこの人に，ぜひともオマージュを捧げねばということになったとき，一冊の本のかたちにするのは必須と思えた．彼を取り囲んでいた本の山に捧げるオマージュだ．

パトリック・モリエス

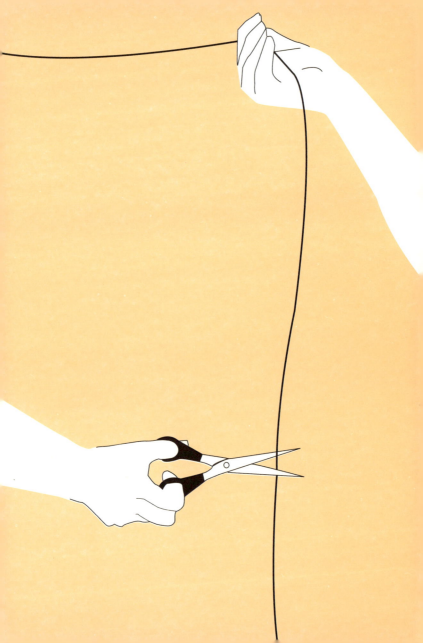

カール，
人生を
語る

カール，人生を語る

わたしは目撃者だ．特等席からじっと世界を見つめて飽きない，自分勝手なひとりの観客だ．眺めのいい特等席ならなおけっこう．舞台に立つより，そっちに座っているほうが落ちつく．だっていまでは観客席こそがショーなんだから．ときどきは虫酸が走ることもあるが，絶対に退屈しない．もう120年生きて，世界がどう進化するか見てみたい．

見られるのはきらいだ．見られているときはさっさと退散する——だってわたしは24時間いつでも演技しているから．自分ひとりのときでも．

わたしは独自の現実を築きあげる．独自の方式を創ってあって，人生のゴタゴタはそれで解決できる．自分だけの完全な宇宙をもっていて，その中心にいるという贅沢をたのしんでいる．

自伝？
そんなもの書く必要ない.

いまわたしが
生きてるのが
自伝だ.

わたしにとって，仕事というのは

落ちつき，
冷静，
整理整頓だ.

ヒステリーはきらいだ.

休みはきらいだ！ あれはいつも同じ場所で同じことをする連中がとるものだ．わたしはミラノ，パリ，ニューヨークと走りまわって過ごしている．すすんで一日20時間はたらく．わたしはインディペンデントなプロフェッショナルの模範例だ．

一日を48時間にすべきだというのがわたしの主張だ．24時間ではとてもじゃないが足りない．

すごく若かった初めのころわたしは，他の連中よりたくさんはたらいて，お前たちは役立たずなんだと見せつけてやることにしていた．

わたしはふまじめな人間だ．わたしにとってはそういうふうになっている．仕事のときは直感的で，これでいいのかなんて山のように自問したりしない．

復讐（ふくしゅう）っていうのは意地わるくて
ひどいものだというのはわかっている．
でも人に悪さをされたとき，
しかえしをしない理由はないと思う．

**人がもう無罪放免だと思って
腰をおろそうとするその瞬間に，
サッと椅子を引いてやる
——10年くらいたったときにね．**

タバコを吸ったことは一度もないし，酒も呑まないし，ドラッグもやったことがないが，しかつめらしい顔の純潔主義者（ビューリタン）やら禁欲主義者（カルヴィニスト）にはがまんがならない．その反対だ——クスリでハイになったり，酒を呑んだりタバコを吸ったり，わたしはやらないようなことをやってる人しか好きじゃない．自滅するようにできている人というのもいて，それはたいしたものだと思うけれども，わたしは生き残るようにできている．生存本能は，わたしがもっている本能のなかでもいちばん発達している本能だ．セーフティネットがあるときしか綱わたりはやらない．

わたしのエネルギー源？　EDF（嫉妬 Envy，欲望 Desire，性格の強さ Forcefulness）だ．

精神分析ね！　何よりも，あれは創造性を殺してしまう．第二に，自分に正直な人なら，どんな質問が来るか，どう答えればいいか最初からぜんぶわかる．わたしは精神分析家なんていらない．どう答えればいいかわかっているんだから．

熱いものは絶対に飲まない．熱い飲みものは好きじゃない──すごく妙な話だけども．起きたらすぐダイエットコーラを飲んで，寝るまでずっと飲む．真夜中でも．

子どもがほしいと思ったことはいちどもない．子どもがわたしと同じくらい優秀じゃなかったら愛せなかったはずだし，自分より優秀でも愛せなかったはずだから．

わたしが女性だったら子どもをつくったはずだ．でもわたしは女性じゃない．それだけのこと．

子どものころの夢は，子どもでなくなることだった．子どもであるというのは恥だと思っていた．二流の存在だと．

子どもだったころの家具をいまでも寝室に置いてある．両親が死んだあと，取っておいたのはあれだけだ．いつかしみったれた老人になって背がちぢんでしまったら，ソファやら，タンスやら，ものを書いたり絵を描いたりするのに使っていた机やらで生活する……そうして子ども時代のベッドに寝るだろう．

＊

わたしは若くてきれいな人たちに囲まれている．醜いものを見るのはきらいだ．

＊

音楽や本や紙を身のまわりに置いて，スケッチしたり，ありとあらゆることを深く考えたりするのが好きだ．自分を洗脳したり，手紙を書いたりするのが．ひとりぼっちだと感じることはまったくない．わたしに言わせれば，歳をとって，体が悪くて，カネがなくて，誰もまわりにいないのが孤独ということだ．でもかなり名前が知られていて，ちょっとばかりカネがある，それは最高の贅沢だ．それは闘って勝ちとらなくてはいけない……

演技をするのは好きじゃない．わたしの人生はそれ自体がパントマイムだから．

若いころ，カリカチュア描きになりたかった．結局，自分がカリカチュアになってしまった．

毎朝，15分間スタイリングをする．マネキンの身じたくをしてやるんだ．深く身に染み付いた職業病だ．

ひとりで生きるのは気にならない──究極の贅沢だ．

道でわたしのあとについてきたり，いっしょに写真を撮りたがったりするのが若い若い人たちだというのが嬉しい．わたしの最大の成功はそのことだ．

わたしが
メディアに
発信する人格は
操り人形だ.
糸を引くのは
わたし.
糸をしっかり
しばっておくのが
いちばん大事な
ところだ.

わたしについて，
みんな何でも好きなことを
言えばいいし，書けばいい．
だいたいはそれでかまわない．
わたしの原則はこうだからだ．

好きな
ことを
言えば
いい，
ほんとうの
ことで
なければ
何だって．

自分の窓から世界を見て，解釈するほうが好きだ．そうしてから旅に出て，現実に世界にあるものが，わたしの頭のなかにあるのと同じくらいおもしろいかどうか調べる．

わたしはまったく問題がない．わたしの人生の奇跡がそれだ．問題はひとつもない，解決法があるだけだ──正しかったり間違っていたりするが，どっちだっていい．

今日わたしは自分と暮らしている．自分の横に，いつも自分がいるのが見える．だからわたしはいつもふたりでいるわけだが，ひとりはもうひとりをおちょくっていて，おちょくられているほうは頭が冴えている．

わたしの人生はSFだ．とにかく，わたしの人生がどんななのか，人はわかった気でいるが，それと現実とのあいだのギャップにはSFめいたところがある……現実はまた別ものだ……それに，現実のほうはちっともおもしろくない．

よそへ夕食に出かけるのはあまり好きじゃない．どっちにしろ，わたしを家に招いてくれる人はいない．きっと，わたしに値踏みされると思って怖がっているんだろう．

調子の悪いとき友だちがいてくれたら，なんてわたしは考えない．それは悪趣味だと思う．友だちには調子のいいときにいてほしい．あとは自分でなんとかする．

わたしの本能には，他のどれよりも強力なのがひとつある．生存本能だ．

わたしは食べ物を買う必要がない．食事はしないから．

スケッチしたり喋ったり本を読んだりする以外，わたしにできることはあまりない．冷蔵庫は開けられるが，料理はやり方がわからない．

何でも
話してしまう
人たちには
ぞっとする

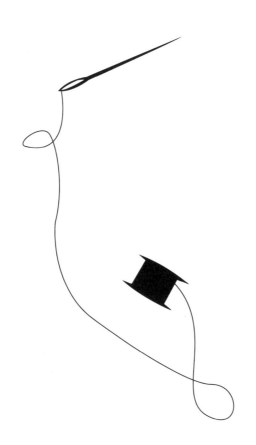

カール，
モードを
　語る

はかないものを
わたしは愛する.
モードは
わたしの職業だ.

この業界で，特定の時代から抜け出せなくて，世界は
どんどんおかしくなってるなんて考えるような人たちはき
らいだ．世界はまちがってるんじゃない，変わっていって
いるんだ．

モードはその瞬間ごとのものだ．服にとって最高の幸せ
は，誰かに着てもらうことだ．美術館の展示はモードと
はちがう．

服に大金をつぎこむのが好きだ．わたしは服をつくる人
間だから，服でうんとカネもうけをしているから．他の人
たちだってカネはかせがなくちゃならない．

デザイナーが，
仕事がたいへんだと
こぼすのを聞くと，
思わず言ってやりたくなる．
騒ぐんじゃないよ──

たかが
服だろう，
って．

トレンディはダサいの一歩手前の段階だ．

⟜✍⟝

モードでは，なにかをつくるにはいつでもまずは壊さな
きゃならないし，きらいだったものを愛さなくちゃいけな
いし，愛していたものをきらいにならなくちゃいけない．

⟜✍⟝

モードは表面的だ．それを職業にしようというのなら，ま
ずそういうものとして受けいれなくちゃならない．

⟜✍⟝

あるデザイナーが，自分の服を着るのは知的な女性ばか
りだと言っていたのをおぼえている．当然だが，そのデ
ザイナーは破産した．

モードが表現するものは長持ちしない．スタイルは長持ちする．だがモードより長生きしようというなら，スタイルはモードのあとをついていかなくてはいけない．

モードがトレンドを創りだすという言い方はできるが，エレガンスはモードのあとをついていく．

時代は変わる，判断基準も変わる．モードにはもう貴族なんていない．

人はものに精神を与えて進化させる．モードとはこの精神のことだ．

どんな時代にもそれにふさわしいモードがある．

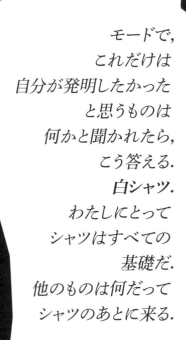

モードで,
これだけは
自分が発明したかった
と思うものは
何かと聞かれたら,
こう答える.
白シャツ.
わたしにとって
シャツはすべての
基礎だ.
他のものは何だって
シャツのあとに来る.

モードを愛するというのは，モードを着るということでも
ある．

⌇

モードは服のディテールというより，ひとつの態度だ．

⌇

モードは海のようなもの，でなかったら愛のようなものだ．
波みたいに寄せては返す．

⌇

若いデザイナーたちは感じがいいけれども，技術的な知
識はゼロだ．ヴァレンティノとわたしは長年汗水たらして
はたらいた．彼はデセスで，わたしはバルマンで．自分
たちは美術評論家じゃない，勉強しに来てるんだってこ
とは，ふたりともわかってた．

モードは
音楽みたいなものだ．
音符が実にたくさんあって……．
いろいろと演奏してみる必要がある．
わたしたちはみんな自分だけの曲を
つくらなくてはいけない．

モードはゲームだ.

真剣にプレーしなくては
いけないゲームだ.

モードは道徳的でも不道徳でもない──だが士気はあがる.

＜∥＞

モード?　いや，何だってモードだろう!

＜∥＞

モードはふたつのものからできている.　連続性とその逆と.　だから動きつづけなくてはいけない.

＜∥＞

モードの世界ははかなくて，危険で，不公平だ.

カール語録
1

幸福ははじめから与えられているものじゃない．手に入れ
ようと思ったらはたらかなくてはいけないし，少々努力が
要る．

ある時期まではみんな真剣とお気楽，誠実とシャレっ気，
そのふたつを両立させられていた．時代は変わってしまっ
た．

どんな時代にもそれにふさわしい悪趣味がある．

いわゆる「上流社会」の人々がおたがいの召使いに電
話していた時代があった．いまでは本人たちにノンストッ
プで電話がかかってきて，可能ならすぐ出なきゃいけな
いなんてみんな考えている．繁忙期のラッシュアワーに
大ホテルの交換台ではたらいているみたいだ．

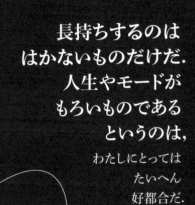

長持ちするのは
はかないものだけだ.
人生やモードが
もろいものである
というのは,
わたしにとっては
たいへん
好都合だ.

自分自身の罪に対しては堂々と胸をはらなくてはいけない.

アートは感じるものだ. 所有する必要はない.

労働というのは，好きではないことをしているときの話だ.
少しでも自分の仕事が好きなら，それはもう労働じゃない.

政界の人たちは困っている. 身なりが良すぎても困るし,
身なりが良くなくても困る. だからギリギリのラインを見
つけなくてはいけない. これは簡単じゃない.

ものごとが好調なときに毎回合わせていこうというのなら,
低調なときも知りつくしていなければいけない.

醜さは進化している．内面の醜さのほうが外面の醜さより重大だ．

✑

大事なのは，どんな方面にもコネがあるかどうかじゃない——いいコネを持っているかどうかだ．

✑

絶対に進歩を恐れてはいけない．さもなければ破滅だ．

✑

外見を気にかけるのは時代遅れ，なんていうのはうそっぱちだ．そういうことに気をつけるのは，自分自身と調和をたもった生き方をする助けになる．

✑

他人と比べるのをやめれば個性ができてくる．

ミンクは
とても
危険な
動物で
人間を
きらって
いる.

44

欲求不満は犯罪のもとだ．売春婦やポルノ映画がなかったら，もっと犯罪が増えてしまうんじゃないかと思う．

⌒✐⌒

きちんとしすぎていたらまったく発見がないだろう．何かに驚いたり，偶然何かを見つける喜びを感じたりできないはずだ．

⌒✐⌒

同性愛は髪の色みたいなもの，それ以上でも以下でもない．それに，同性愛ならいやな嫁ともつきあわなくてすむし，と母がよく言っていた．

⌒✐⌒

意地の悪さっていうのは，精神的なものだったら許せる．無償の悪意は許せない．

新しい人生を始めるのに〆切はない.

変わっていくというのは, 生き残るためのいちばん健康なやり方だ.

「あのころはよかった」なんて言いだすのは最低だ. わたしにしてみれば, 自分は失敗したと認める以外の何ものでもない.

自分の過去に関してメソメソ言うのは, 未来がなくなってしまうことのはじまりだ.

過去のほうがよかったなんて考えはじめたとたんに, いま現在は中古に変わって, 自分はヴィンテージになってしまう——服ならそれもOK, 人にとってはちょっとまずい.

人生は美人コンテストじゃない．知性は長持ちする．若さと美しさは 1 シーズンで終わる．

若いころは誰でもちょっとバカだ．あとになってそれに気づくから救われる．

若さっていうのはいつでもカネで雇える．いまは若い連中も，明日にはもう若くない．

若さっていうのは中年が発明したものだ．他の人たちに，ああわたしも老けたなあと思わせるために．

若さっていうのはクラブみたいなもので，メンバーは全員，いつの日か追放になる．

成功するとかならず，次の回にそのツケがまわってくる．
何をやったって，みんな「前回ほどよくないね！」なんて
言うにきまっている．それでもう少しやると，またもとどお
り問題なくなる．記憶ってやつはものごとをじっさいよりよ
く見せる．それをわかってなくちゃいけない．

みんながロック・スターにとりつかれているのはたいへん
けっこうだ．ジーンズもロック音楽も好きじゃなかった人
たちさえ，いまではジーンズを穿いてロック・スターみた
いになっているんだから．

自分の過去の手柄に頼って人気を得たいなんて思いは
じめたときには，仕事なんてやめてしまうべきだ．

本来はやっちゃいけないことをやらないといけない．

ピンクで考えろ

ダイアナ・ヴリーランドが言ったとおり──
でもピンクは着るな

カール，
スタイルを
語る

<ruby>耄碌<rt>もうろく</rt></ruby>したバカ者どもが「エレガンスは死んだ」なんてほ
ざくのが聞こえたら，こう言ってやる──「いや，エレガ
ンスは死んでなんかいない．顔つきが変わったんだ」．

容姿がエレガントじゃないのなら，どんなにエレガントな
服を着たってそれは変わらない．エチオピアの農民が，
こちらの気が変になるくらいエレガントだったりすることも
あるし，ものすごい金持ちがビヤ樽みたいに見えたりす
ることもありうる．

エレガンスというのは，クローゼットにたんまり服が入っ
ているとか，財布にたんまり中身が入っているとかいうの
とは別の話だ．

「スタイル」とは
何か?
それはしきたりと
手を切って，
あたりまえの現実を
ぶちこわす
ところからはじまる

服が自分に
あっている必要はない．
自分を服に
あわせなければいけない．

エレガンスというのはひとつの態度，動き方だ．特許案とはちがう．年月が経つうちに，野心や考え方は変わる．

今日わたしは，エレガンスは精神的または身体的な現象だと考える．生地とかコスメとか香水とかは関係ない．

生きていれば，美しさや若さといった発想が，スタイルやエレガンスに場を譲らなければいけなくなるときが来るものだ．

「品がある (to be distinguished)」．つまらんね，あの言いまわしは．まったく現代的じゃない．どこかの事務員が「あの奥さんはじつに品がありますね」なんて言ったりするわけだ．わたしは品なんてまったくいらない．ただし，人がわたしを他と区別する (distinguish) のはおおいにけっこうだ．

スタイルがあるというのは，自分のまわりの生活と気楽になじんでいるかどうかという話だ．だって結局のところ，自分自身の時代に属しているというのがたのしいところなんだからね．

しわくちゃだったり，だらしなかったりする夏服を見ると気がヘンになる．こう言ってよければ，わたしは「しわくちゃ」を憎んでいる．25歳から30歳まではそれでもいい．だが残念ながら，そのあとは目も当てられない．わたしは，孫の服を盗んできたみたいな恰好をした人たちを街で目にするのが大嫌いだ．

スウェットパンツは負けイヌのしるしだ．自分の生活をコントロールできなくなったから，スウェットパンツを穿いて外に出てくるんだ．

鼻にコブがあったらいいのにと思う．
すごくシックだ．

**ちょっとした
黒のワンピース，**
でなければ
**ちょっとした
黒のジャケット**
さえあれば
おしゃれしすぎ
ということにも
しなさすぎ
ということにも
絶対ならない

カール，
カールを
語る
1

わたしは白と黒の人だ．

〜

わたしはすごく丈夫な安全ネットを張って綱わたりをする．
ちょっとばかりもろいような気配もあるが，それはわたし
には無縁の性格だ．

〜

幸せになる？　わたしはそんなに野心家じゃない．

〜

わたしは作家のシャンフォールみたいじゃない．彼は朝，
とっさに気のきいたセリフが出てくるように練習してから
外出していたというんだから．

〜

わたしは雇われ銃兵のようなものだから，軍隊が強けれ
ばそれでいいんだが，軍隊が弱いときはわたしががん
ばってもどうしようもない．

わたし
は，

歩くメレンゲだ

わたしのiPadだ

一発屋だ

優秀なスキャナーだ

何かをするために
こういう立場にいるんであって，
過去に何かをやったからじゃない

見かけほどひどくはない

いつでも自分の命令に
従えるようにしている

生まれつき孤独だ

わたしは刻んでない
黒ダイアモンドだ．
黒ダイアモンドは
珍しくて，
カットするのが
難しいから
商売向きじゃない．

自分はできる人間だと思ってるわけじゃないが，もっとダメな奴だった可能性だってあるだろ.

こういう性格にしようと思ってなってるわけじゃない．進化や偶然のできごとがかさなってこういう性格がでてきた．考えた結果じゃない.

わたしは心のねじけた奴だとみんな思っている，それがわたしは楽しい．だまされやすい性格なのかもしれない.

わたしはどんなときも幸せじゃない．いつだって不満状態にある.

言葉遊びばかりしているというのはおっしゃるとおり．とにかく好きなんだ.

わたしは反省も後悔もしない.
過去に関しては健忘症だ.

実をいえば，わたしは年寄りの文学教師だ——ただし
授業はしない．要するにそういうことなんだ．自分自身
の教師であって，歳とともにますます好奇心が湧いてくる.

わたしは終身契約を結んでいる．死ぬまで，一生しばら
れているわけだ.

後世に伝えることなんて何もない．わたしはまったくのい
かさまだ.

ふつうの人はわたしが狂っていると考える.

わたしは歩くレーベルだ.
わたしの名前は

であって
ラガーフェルドじゃない.

わたしは
自分自身の
カリカチュア
みたいなものだ.
仮面みたいな.
わたしにとっては，
一年中ヴェネツィアの
カーニヴァルだ.

66

わたしはいつまでたっても自分に対して不機嫌だ．

わたしは *iPod* の王様だ！

わたしはずっとこの業界でやってきているから，原始人にだって負けない．

わたしはここにいると同時にいない．

わたしは禁欲主義者だ……外にはあまり出さないけれど．

わたしは死ぬその日まで禁欲主義者だろう……アルコールは好きじゃないし，ドラッグは好きじゃないし，セックスに取り憑かれたこともない．美徳の鑑だ，悪いが，美徳の鑑なんだ．

わたしは一般的意見に賛成だが，それはただひとりの人がもっている一般的意見ということだ．

❧

わたしの場合，表面の下には何もない．まるきり表面なのだ．

❧

わたしはどこの住人でもない．わたしは自由なヨーロッパ人だ．

❧

わたしは3人の人間だ．英語を喋っているときで1人，ドイツ語を喋っているときは別の1人．フランス語を喋っているときはこれまた別の1人だ．

❧

わたしは完全に即興だ．

❧

ふつうでありたいなんて気持ちはさらさらない．

私は

けんそん
謙遜そのものだ.

カール，
シャネルを
語る

シャネルが成功したのは，自分のアイデンティティの要素を伝えるやり方を心得ていたからだ．たった5つの音符から組み立てられた，時代を超えた音楽．聴けば女性たちにはたちまちシャネルの本質がわかる．ラグジュアリーと洗練だ．

わたしはゲーテのあのセリフを考えながら，シャネル・スタイルを進化させようとしている──「過去をもとにして，よりよい未来をつくる」．

結局，わたしは単なる傭兵で，レーベルを長続きさせるためにカネで雇われているだけだ．それで失敗するってことはまずありえない．

シャネルはモードよりもすぐれた何かを残してくれた──スタイルだ．それに，シャネルが提唱したようなスタイルというのは古くならない．

わたしにとって，

彼女はわかる部分も、わからない部分もある人だがわたしはうまくそのふたつの部分のバランスを取っている

彼女はあるものを発明した.
「トータル・ルック」を.
自分ひとりが使うために
「女性の匂いのする女性用香水」を作れと
言ったのは彼女が最初だった.
自分がコレクションするためのジュエリー.
帽子から靴まで,チェーンベルトから
カメリアまで,リボンからバッグまで,
彼女はアクセサリーを一変させた.
取るに足らないものを
本質に変えたんだ.

1930年代，彼女はスーツよりもレース・ドレスのほうがずっと有名だった．レースと聞くと，わたしはシャネルを思い浮かべる．レースはフランス語で「ダンテル」，ダンテル，シャネル……韻を踏んでる．

わたしのお気に入りのココ・シャネルは最初のころの彼女だ．反抗心いっぱいで，気まぐれで，初めてオペラ座にお目見えする前の晩に温水器が爆発して，素晴らしい髪がチリチリになったので切ってしまったあの彼女だ．可笑しいことを言っているときの彼女の意地悪さが，頭の良さが好きだ．自分のコレクションをデザインするときにわたしが思い浮かべるのはそういう彼女だ．

わたしがやってきたようなことは，ココ・シャネルなら決してやらなかったろう．すごく嫌がったにちがいない．

わたしは
シャネルが
大好きだ

が，彼女はわたしじゃない．

シャネルという女性は時代の申し子だった．後ろ向きな，もう終わってる人じゃなかった．正反対だ——過去が，自分自身の過去も含めてきらいで，彼女の原動力がそれだ．だからシャネルというブランドはそのときどきを映し出しているのでなくてはいけない．

わたしはシャネルのDNAを知り尽くしているし，非常に強力なDNAだから，わざわざ口に出すには及ばない．

ちゃんとしたレディになろうというのがシャネルの考えだった．ただ，〈ちゃんとした〉が〈つまらない〉に変わってしまう瞬間というのがある——そしてわたしは〈つまらない〉とは闘わなくてはならない．〈つまらない〉に，それとは違うシャネルのイメージで対抗しなくてはいけない．「たのしい」イメージ，いまという時代にふさわしくて，過去とは無関係なイメージで．だって過去というのは思い込みでしかないんだから．過去を現実として崇めたりしようものなら一巻の終わりだ．

シャネルが終わってた時代があったことを忘れている人が多い．シャネルなんか着るのは〔パリの高級住宅街〕16区に住んでる医者の奥様連中だけだった．誰も近寄れなかった．絶望的な状況だった．

シャネル自身にはスタイルがあったが，ほんとうの意味でエレガントな人ではなかった──それが彼女の悲劇だった．

ココ・シャネルは意地が悪かったかって？　何はともあれ，男たちに対してはそうじゃなかったね！　人を丸め込んで，虜にしてしまうことにかけては誰も敵わなかった．その一方で，シャネルは女たちが大きらいだった．汚くてだらしがないからと言って……．

わたしは変な奴さ.

ぴりっとした
ユーモアと不遜(ふそん)さ.
伝説が生き残るのに
必要なのはそれだ.

シャネルというルックはどんな時代にも，どんな年齢層にも適応させることができる．ジーンズやTシャツや白シャツと同じで，ワードローブに欠かせない要素だ．シャネル・ジャケットは男性用の2つボタンスーツみたいなものだ．

マドモワゼル〔=シャネル〕が天才的なのは，スーツとかカメリアとかゴールドチェーンとかを，まるで自分が発明したみたいに導入してみせたことだ．ちょっとチャーリー・チャップリンのステッキや口ひげや帽子みたいなふうに．

シャネルのスタイルは自己満足だ．彼女のしたことは何でも自分自身のためだった．自分を主張するためだったんだ．それはわたしにはよくわかる．

［わたしの猫］シュペットは典型的なシャネル女性じゃない．どちらかといえばジーン・ハーロウに近い．

わたしの仕事は
シャネル・スーツが
生きのびるようにする
ことじゃなくて
シャネル・スーツが
確実に
生きたものである
ようにすることだ.

カール，贅沢を語る

自分自身の考えに従って人生を送るのでなければいけない．自分が勝ち取りたいものにふさわしいカネの遣い方，生き方をしろ．カネ持ちが共産党員になろうとしたりするのは嫌でたまらない．不潔な話だと思う．

カネをムダ遣いしようというんなら，情熱をこめてやれ．「そんなことしちゃいけない」なんて言うな．それはブルジョワのセリフだ．

贅沢
とは
規律だ.

ちかごろではしょっちゅう
贅沢な生活なんてしてないような
取るに足らない連中が
高いものを買い込むのが贅沢
ということになってる.

贅沢っていうのは精神の自由，独立性だ.
要は，政治的に正しくないことが贅沢だ.

◈

肝心なのは，みんながカネを使わずにいることじゃない.
カネはポケットから出てこなくちゃならない.

◈

いつも人と一緒にいたいっていうこの強迫観念は何なん
だ？ 孤独というのは最大の贅沢だよ.

楽しいのはコレクションすることで，所有することじゃない．でもモノを処分するにはまず所有していなければいけない．一度もカネ持ちだったことがなくて，そんなの嫌だなんて言う連中は，それがどういうことなのかわかってない．カネを持っていてそれが嫌だという連中は，返上すべきだ！　カネは天下の廻りものであって，もっとカネを儲けさせてくれるものじゃない．わたしは身分不相応な暮らしをしている人，カネをムダ遣いする人，冒険心のある人が好きだ．危ないのはカネ持ちがビビってカネを遣わないことだ．

身分相応な暮らしをしているカネ持ちはきらいだ．

わたしの最大の贅沢は誰かに対して自分を正当化する必要がいっさいないことだ.

カール，
体型を
語る

20歳になるまではずいぶん運動をした.
服の下は筋肉バキバキだった．上にちょっと
詰め物がかぶさっていただけだ.
わたしはキルティング入りだった.
いまも昔もシャネルだったというわけ……

わたしにとって贅沢の絶頂は，追加でもう1枚トーストを食べることだ．世界でいちばんうまい．

わたしの齢になると，セクシーな筋肉モリモリである必要なんかない．いまなら服を脱いだときではなくて着ているときにどう見えるか自問したほうがいい．

自分の筋肉を完全に取り戻したから，カラダを見せびらかしにビーチに行くこともできるが，それはもうわたしの役目じゃない．

こういうダイエットをしたのは，人に触られたいとかセクシーになりたいと思ったからじゃない．服をきれいにひっかけられるハンガーになりたかったんだ．

ピタピタの服が完璧にかけられるハンガーになりたかった．

女性でも男性でも，減量しようとする人にとって，モードほど健康なモチベーションはない．

わたし
は
シックな
ハンガー
で
ありたい

わたしの人生唯一の野心はサイズ30のジーンズを穿くことだ.

ディオールでは，というか他のメゾンだって同じなんだが，頼んでもボタンひとつ変えてくれなかった．

自分が着たいサイズの服を買いなさい．残りは捨てるなり人にあげるなりして，もう他に一着も服が残ってない状態になって，体重が1kg多すぎたら，絶対に何とかしようとするはずだ．ちょっとキツすぎるズボンほど気持ちの悪いものはないんだから．

ああいうビデとか流しとか，あるだろう，わたしはあれさ——〈アイディアル・スタンダード〉*1 だ．

フランスには 旧 体 制^{アンシャン・レジーム} *2 という言葉がある．
わたしの体制＝ダイエット^{レジーム}は旧式じゃなくていつでも最新だ．

*1 ベルギーに本社を置く大手衛生陶器製造会社．社名は「理想の基準」を意味する．
*2 大革命以前のフランス王政を指す．

ランウェイをぽっちゃりした女性が歩くところなんて誰も見たくない．痩せっぽちのモデルはみっともないなんて言うのは，ポテトチップスの袋を手にテレビの前に陣取った肥満体のおばさん連中だ．モードは夢であり幻想なんだ．

❧

モデルたちは痩せっぽちだ．それはそのとおり．だが「そこまで」痩せっぽちじゃない．

❧

そう，わたしに向かって「痩せすぎですよ」と言う人はいる．でも痩せた人はそんなことは言わない．何 kg か減量したほうがよさそうな人だけだ．

何かを失くすことが勝ちになるゲームなんてダイエットだけだ.

カール，
デザインを
語る

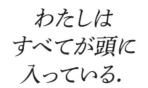

わたしは
すべてが頭に
入っている.

当然だが,
そのほうがいい.
どこにでも持って
いけるんだから.

影響力というのは空気中を伝わっていく．わたしはTV
アンテナみたいなものだ．

✍

わたしは何でも養分にする．わたしは衛星アンテナみた
いなもので，何でも受信して消化して再構成する．

✍

わたしのコンピューターはわたし自身だ．見たものは何で
も記憶する．参照項が何千もある．

✍

そのときどきで何が流行っていようが，わたしの役割は
提案することであって強制することじゃない．そのあと女
性たちがどうしようが彼女たちの勝手だ．

✍

解体して作りなおすのが好きだ．それがわたしの原動力
だ．

デザイン画を
習ったことはない．
自然に身についた．
絵を描けないというのが
どういうことなのか
わからない．

これまでの人生でうまくやれたことはどれも夢に出てきた．
だからいつもベッドの近くにスケッチブックを置いてある．

いちばんいい思いつきは寝ているときに浮かんでくる．
わたしが生きていてドラマチックだったり幸せだったりす
るのはそういう部分だ．どこから浮かんでくるのかわから
ない．わたしの生きる糧がこれだ――現実になった無
意識．

他の人たちとの関連で何かをすることはない．自分との
関連でしかやらない．

デザインは紋切型の逆を行くことでしかありえない．

わたしは決して恋に落ちない．自分の仕事に恋している．

女性たちが何を求めているのかを感じ取らなくてはいけない．ゲームとかチャレンジみたいなものだ．

わたしは何も憶えていない．すべて焼き捨ててゼロから再出発するというのがわたしの秘訣だ．

わたしは何でも捨ててしまう．いちばん重要な家具とはゴミ箱だ．資料を取っておいたりはしない．

わたしは決して満足しない．それがわたしの人生の真のドラマであり幸運なわけだが，ひとつコレクションが終わると，次をデザインすることしか考えない．

わたしは息をするみたいに仕事をする．だから，息をしていなかったらまずいわけだ．

わたしに
与えられた
役目は

ことであって昔を思い出すことじゃない.

わたしは

のが好きだ．自分のつくったものを
ひけらかすのは好きじゃない.

自分が

ものを忘れるのがわたしの人生だ.

わたしは何だって歓迎する．
わたしとしては，

ツァイトガイスト
時代精神

を反映しているものなら

何でもOKだ．

モードは芸術である，なんてのはデタラメだ！　服をデザインするのは労働者の仕事だ．わたしは労働者だ．

アドバイスというものはあまり意味がないと思う．誰もわたしにアドバイスしてくれなかったから，わたしもしない．

わたしは自分のすることを分析したりはしない．コメントもつけない．わたしは提案する．わたしの人生は提案の人生だ．

モードの目的は人々がいい気分になれるようにすることで，世界の苦しみや痛みをタフタで表現することじゃない．

わたしたちの職業のキーワードは「欲望」だ．欲望を創り出さなくてはいけない．

❧

わたしはちょうど息をするみたいにデザイン画を描く．息というのは注文に応じてするものじゃない．ひとりでにするものだ．

❧

やたらと物事を難しく考えるデザイナーにはうんざりするし，バカバカしいと思う．ドレスづくりは大事だが，たかがドレスだ．キルケゴールじゃあるまいし．

❧

この職業では，口をつぐんでひたすら仕事をしなくてはいけない．直観でやるんだ．わたしはマーケティング部門の人間じゃない．自分が描いたデザイン画を眺めて，うまく形になるといいんだが，と祈る人間だ．知的なふうを装ってモードを語ったりするのは大きらいだ．モードは街で着られるものだ．

わたしが何かするときは
100％やる.
わたしはプロの
殺し屋だ.

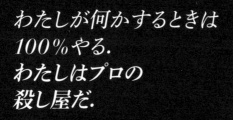

カール，
挑発を
語る

わたしはモードの色情狂みたいなもので，決してオルガスムを得られない．わたしは決して満足しない．

❧

他人がわたしの家にいるのは嫌いだ．来るのはかまわないが，夜になったら帰ってもらう．節操のない人付き合いは嫌いだ．

❧

人に対してイライラすると，わたしは思ったことを何でも言ってしまう．政治的に正しくない態度を取るのも好きだ．政治的正しさには我慢がならないから．

❧

二枚舌を使うのは大きらいだ．わたしが人に関して何か手厳しいことを言うとしたら，その人はわたしに対して何かやらかしたということで，だとしたら，それがどんなに昔の話であっても，そういう人は好きなだけ叩いていいというのがわたしの意見だ．

わたしはいつでも
自分の考えている
ことを言う.

自分の
考えていない
ことを言うこと
さえある.

知識人は嫌いだ.
とくに服装がダサい連中は.
ベルグソンみたいな
人の写真を見るといい
──完璧な身だしなみだ!

いまじゃ知識人はみんな
ちょっとだらしがない.

わたしがデザイナーになったのは怪気炎を上げまくったり，実際に着られるはずのないイカれたコレクションを量産して悦に入ったりするためじゃなかった．女性たちがわたしのデザインしたものを着るということ，所有したいと思うことが，わたしにとっては何より重要だ．

わたしがロシア人の女性だったらレズビアンになってただろう．ロシアの男性たちはどうにもまったく風采が上がらないから．

白髪を生やすというのがずっとわたしの夢だった．ドライシャンプーはわたしのコカインだ．

見ること，やること，知ること，読むことがこんなにあるのに，退屈なんかするはずないだろう？　つまりわたしたちはみんなバカ者ってことだ．

［フランスの雇用担当大臣］マルティーヌ・オブリーは正しい．退屈でたまらない仕事を35時間以上続けるのはムリだ．

自分の口座の残高を知っているかって？　そんな質問はカネのない連中にするもんだ．

どの時代にもそれぞれお似合いのものが生まれてくる．わたしたちには電話がある．あんなに行儀の悪いものはなかなかない．ちかごろじゃみんな前に電話を3台置いていて，それが鳴る，みんなジャンジャン鳴らしてくる，女中でも呼びつけるみたいに！　わたしもご多分に漏れない．

生まれてから一度も投票したことはない．この先も決してしないだろう．わたしには政治のからくりがわかりすぎるくらいわかっているんだ．新聞を読んでも嫌気がさす……．投票するには，政治家の約束を全部信じ込むのでなくてはいけないが，連中はそんなもの守りはしない．でもオバマのバッジをくれるというんなら，つけるのは別にかまわない．

わたしは人が尻を出して歩くのは気にならない．感情を丸出しにされるとショックを受ける．

わたしは自分の考えることをそのまま言葉にする．わたしは自由なヨーロッパ人なんだから．

知的な会話は
きらいだ.

わたしは
自分の
意見にしか
興味がない.

アシスタントひとりを除けば，わたしの職場は女性ばかり
だ．男性と仕事をしてもいつもトラブルだらけ，男性は自
分のほうがわたしより優れてるってすぐに考えるから．自
己中心的になって，わたしにできるんなら彼らにもできる
に違いないなんてこっそり思いはじめるんだ．

わたしと仕事をした男性たちはおそろしい欲求不満に
陥ったに違いない……彼らはわたしじゃないわけだから．
ひどいことを言うようだが，わたしよりも自分のほうが才
能があると思う男性やら男の子やらはたくさんいて，全
員挫折する．女性とならそういう問題はない．

母は，フェミニストだったことは一度もないと言っていた．
自分はそこまで不細工じゃないから，と．

わたしのサングラスはわたしのブルカ[*1]だ．

*1 イスラム教徒の女性が他人から肌を隠すためにつける，全身を覆うヴェール．

子どものころ，姉と一緒にキッツビューエル[*2]に送られた．姉はインストラクターとねんごろになったが，わたしは死ぬほど退屈だった．その日以来，ウィンタースポーツになんか二度と参加するもんかと誓った．

オートクチュールは美容整形みたいであることが多い．相当高級な部類のやつでもそうだ．全部つまんでもちあげなくちゃいけないから．

世の中，不公平ばかりだ．是正できるのはといえば，せいぜい社会的不公平くらいだろう．女の子が不細工で，床まで垂れるデカ尻だったとしたら，もうどうしようもない．クラウディア・シファーにはなりっこない．これがほんとうの不公平というものだ．

*2 オーストリアの有名なスキーリゾート．

わたしは
人間的な
感情がない

KARL
LAGERFELD

カール，
名声を
語る

わたしは決して回想録なんか書かないだろう．何も言う
ことがないし，話題にもしたくないような人たちの話をし
なくてはならなくなるだろうから．

わたしが同業者よりも目立っているとしたら，大口を叩く
からじゃないか．わたしの名声はわたしの職業とはほと
んど無関係だ．

回想録を書かなくてはいけないなら，死後出版にする．
その前はムリだ．つけておかなきゃならない落とし前が
多すぎる．

わたしは，他人の人生の中の現実になんかなりたくない．
亡霊みたいに，現れたり消えたりしたい．

わたしは
ラコステの
ワニみたいに
なってしまった.

もうじきわたしを
服に縫い付け
なくちゃいけなく
なるだろう.

カール語録
2

わたしは過ぎゆく時間が大きらいだ.

チビの男性はきらいだ. あんなに根性が曲がっていて,
とげとげしくて, 恨みがましい連中はいない.

規律がありつつ狂ってる, という感じは好きだ.

オストリッチ皮っていうのは
大きらいだ！　ぽつぽつ規則的に
ニキビができてるミイラを
思い浮かべてしまう．

喋りすぎる連中ほど
うんざりするものはない

——だからわたしは
無声映画が好きなんだ.

動物が虐殺されるのは好きじゃないが，人間が虐殺されるのも好きじゃない．どうやらそれが流行りらしいけれど．

わたしは無声映画のほうが好みだ．
喋りすぎは好きじゃない．

エネルギーはいつでも新品でなくてはいけないはずだ．備蓄エネルギーというものはない．エネルギーはストックしておけない．電気に関しては可能だが，創造性に関しては不可能だ．

自宅にテレビがあるのはきらいだ．実在しない人間たちが家の中にいるのを見るのは怖い．自分の宇宙にメロドラマや悲劇が侵入してくるのは嫌だ．わたしの宇宙は完全に無菌で落ち着いているんだから．

「アンティーク」という言葉は好きじゃない……とくに，人に関して言われるときは.

ほんとうに下品なものの中にはいつだって何かしらほんとうらしいところがあって，わたしの心に触れてくる.

人生で肝心なのは，自分を発明しなおすことだ.

時代は変えようがない. わたしたちのほうが合わせなくてはならないので，時代はわたしたちに合わせたりはしてくれない. オーダーメイドじゃないんだ.

過去の遺産に頼ることはできないというのがわたしのモットーだ. むかし何をやったかなんてどうでもいい.

近眼だと，メガネをとったあと最初の 10 分は，動物愛
護協会で里親を待ってる犬みたいになってしまう．わた
しはそういうキャラじゃない．だからサングラスをかける．

若さこそ，ほんとうの意味での社会的不公平だ．小さな
クラブみたいなもので，終身メンバーはいない．

わたしは薄い薄い氷の上を滑ってるようなもので，割れ
ないうちに前に進みつづけなくてはいけない．

わたしは<ruby>占<rt>フォーチュンテラー</rt></ruby>い師じゃない．ファッションテイラーだ．

わたしにとって興味深い人というのは，わたしにはできない何かをしている人たちだ．

わたしが興味が持っているのは現実じゃなくて，わたしが思い描いた現実像だ．

過去へのオマージュとかリスペクトとかは自由を奪う．時計をリセットして一からやりなおすのがわたしの狙いだ．

女神たちは大好きだ．解放されて，何でも思いどおりにできるようになった女性の先駆けだから．神々やミューズってのはフェミニストなんだ！

自分の仕事のどこが好きか？　仕事だよ！

写真の何が好きかって?

写真は
複製することの不可能な,
永遠になくなってしまった
状態を喚起してくれる.

カール、本を語る

いつも本は大量に読んできたし，あいかわらず大量に読んでいる．でもそのことをひけらかしたり，吹聴したりするのは好きじゃない．わたしはバカとか表面的なやつだとか思われたってかまわない．好きなように思えばいい．

わたしは多いときなら20冊を同時並行で読んでいる．

読書はわたしの人生最大の贅沢だ．読書しているときほど幸せなことはない．

本はわたしの血でありわたしの宇宙だ．本に情熱を燃やしたり，取り憑かれたりしている人にはいつでも共感してきた．本がどういう効果を及ぼすかは承知している．無限に本を買い込んで，本とともに過ごす時間を楽しむのは，いつだって心の休まることだ．

わたしが
本を
読むのは
話のネタに
するため
じゃない.
知的な
会話は
嫌いだから.

ただ
知るために
読む.

本というのは
表紙のあるドラッグで,
いくらやったって
過剰摂取には
ならない.

わたしは本の犠牲者だ.
そうであることが幸せだ.

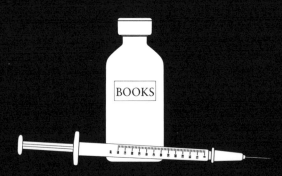

わたしの本買いはまったくの病気だが，治してほしいなんて思わない．

本を一冊買うごとに，その本を読む時間も購入できてしかるべきだ，とショーペンハウアーは言った．

わたしは本なしでは生きられない．本のない部屋は死んでいるも同然だ．

本の香りほど良い香りはこの世にない．

わたしは本に狂ってる．本はわたしの人生の悲劇であり幸福だ．

わたしはすすんで自分を本の犠牲にしている．

コンテンポラリーアートは好きだが，家に置きたいとはまったく思わない．家には本しか欲しくない．

❧

わたしは職が３つある．モード，写真，本だ．どれもインスピレーションをくれる．

❧

スケジュールは詰まっているが，わたしはいつでも本を読んでいる．決して消えることのない罪悪感に駆り立てられながら．だからいっそう読書は楽しい．わたしは本に囲まれて暮らしている．家を見たら，事がどれくらい深刻かわかるはずだ．

❧

わたしにとって，読書は深刻な患い，病的な強迫だ！

❧

わたしは自分の本の奴隷だ．

わたしは
すべてを読んで，
すべてを見て，
すべてに通じていたい.

わたしは
紙中毒，
紙フリーク，
紙食い虫だ.

エリザベト，
カールを
語る

両親は
わたしにぴったりだった．

何でも好きなことをさせてくれる

父親

と

わたしに身の程をわきまえさせ
頭をひっぱたいてくれる

母親

と

母はよくわたしに言ったものだ．「ハンブルクを出ていか
なきゃだめよ．ここにいたらデッサン教師にはなれるかも
しれない……でもわたしはそんなことのために9カ月も
妊娠してたんじゃありませんからね.」

男性のエレガンスということになると，母はいつもドイツ
人をふたり例に挙げていた．ケスラー伯爵とヴァルター・
ラーテナウだ．「あのふたりは素晴らしいわ．あとの男
は忘れなさい．何の価値もないから.」

母は言った．「あなたのやってることには感心するわ．あ
なたがスノッブじゃないってことの証明になっているもの.
スノッブはこんな仕事，絶対しない──完全に才能のムダ
遣いだもの.」

11歳のとき母に，同性愛って何，と訊ねた．母は言った．「たいしたことじゃないわよ．髪の色と同じ．ブロンドの人も，茶色の人もいるでしょ．」

わたしはいつでも遅れている．それがわたしの人生の悲劇だ．生まれたのは予定日より3週間遅れていた．母が言うには，家が「汚れる」のが嫌だったから毎日診療所に通った，と．結局わたしは，あの3週間を取り返さないまま終わってしまった．

子どものころ，わたしは帽子が大好きだった．よくチロル帽をかぶったものだが――8歳くらいだったと思う――母はわたしにこう言った．「あなた，帽子はかぶらないほうがいいわよ．年寄りのレズみたいに見えるから．」なかなか面白いだろ，わたしの母？

わたしが
生まれたのは港町,
ハンブルクだった.
母はよく
こう言ったものだ.

「ここは世界への
玄関口だけど,
玄関口でしかない.
だからさっさと
出て行きなさい!」

母はわたしに
ピアノを
弾かせようとした.
ある日, わたしが
演奏しているのに
ピシャリと
ピアノの蓋を閉じて,
こう言った.

「絵を描きなさい!
絵ならここまで
神経に障らないでしょ.」

また別のとき，母は男性についてこう言った．「どんな男とだって子どもは作れる．あんまり過大評価しちゃだめよ．」

恋人のひとりと別れたとき，母はこう言ったそうだ．「わたしの精神的成長には，あの人はもう必要ないから．」

自分自身に関心があってこそ，他人のために時間を使う余裕が出てくる．母はこう言った．「自分をあまり犠牲にしてはダメよ．あげるものが何もなくなってしまうから．だからまずは自分のことを考えなさい．そうしたら，他の人に関心を持って，役に立てるようになるから．」

母はこうも言った．「あなたを家具直しのところに連れてかなくちゃならないわね．鼻の穴が大きすぎるもの——カーテンが要るわ．」

生まれてこのかた，母にずっとこう言われつづけた．

「あなた，顔は似てるけど，
わたしよりだいぶ性格は悪いわね．」

母は，人生でいちばん大切なのはガリガリに痩せている
ことだと考えていた．パリにわたしを訪ねてくると，いつ
もこう言ったものだ．「あなた，自分の後ろ姿が見られた
らいいのにね．大きなお尻してるもの．」

14歳のころのわたしは母みたいになりたかった．母は
煙突みたいにすぱすぱタバコを吸っていた．大人のフリ
をして，タバコを吸ってみたかった．母は言った．「タバ
コなんて吸っちゃダメよ．あなた，あんまり手がきれいじゃ
ないけど，タバコを吸ってると，手を見られるから．」

わたしの24歳の誕生日に，母が電話してきたときのこと
を覚えている．こう言うんだ．「あ，そういえば，24を
過ぎたらあとは下り坂よ．だからこれからは気をつけた
ほうがいいわね．若さとはもうおさらばだから．」

わたしが子どものころ，ときどき頭の脇の髪がはね上がることがあった．ある日，母はわたしに言った．「あなたね，自分が何に似てるか知ってる？ ストラスブール陶器の深皿よ．あるでしょ，バカみたいな持ち手が両側についてるやつ……．」

母はいつもこう言ったものだった．「くだらないことを言うときはもっと早口で喋りなさい．時間がないんだから．」そう言うと立ち上がって，部屋から出ていこうとするんだ．

父が亡くなると，母は家を売って，わたしの部屋にあった家具を送ってよこした．まだ取ってある．わたしは母に言った．「ぼくの日記が机の中にあったでしょう!」そうすると母はこう答えた．「捨てたわよ．何もあなたがいかにバカだったか，世間にさらさなくったっていいでしょう?」

母は
肝っ玉が
据わって
いた．

それに比べれば，わたしなんかビクビクしどおしだ．

カール，
カールを
語る
2

自分で自分をこうだと定義することは絶対にしない．あしたになれば，今日のわたしとは正反対になっているかもしれないから．

どういうことならやり方を心得ているかって？　何にも．ちょっと話すとか，ちょっとデッサンするとか．アイデアがぼんやり浮かぶことがあって，ありがたいことに，人が手伝ってくれて形にできる．学校に行ったことは一度もないし，資格も持ってない．

わたしは顔のとおり年寄りだ．

ある意味では，わたしは年齢がない．どの世代にも属していない．

わたしとまったく無縁なものがひとつあるとしたら，政治的正しさだ．
^{ポリティカル・コレクトネス}

わたしは何歳かって?

わたしが

100歳

だってことは誰でも知ってる

——だからそんなこと
どうでもいいんだ.

わたしを客として招待するのは
やめておいたほうがいい.

ご招待　カール・ラガーフェルド様

誰かを犯罪に駆り立てるつもりはないが，他人が生き延びられるように努力したりはまったくしていない．

❧

わたしのことを怖いと思う人もいるかもしれないが，わたしはそう思わない．黒メガネの背後に何があるか，わかっているから．

❧

わたしは自己満足なんかまったくしていない．が，わたしは他人のことはすぐ許してしまう．だってわたしは自分にしか，というか，自分のやっていることにしか，興味がないから．他の人にはまるで興味がない．

❧

ある占い師が母に，息子さんは司祭になりますよと言ったが，母はそんなのご免だと思った．だからわたしは教会に行くのを禁止された．子どものころは，結婚式にも葬式にも一回も行かなかった．クリスマスの礼拝だって．

ずっと昔に，自分のことを考えるのはいっさいやめてしまった．

⌘

自分と合意に達したしたその瞬間から，自分を好きなように変えられるようになる．

⌘

モンスターになるのは別にかまわないが，限度はある．

⌘

わたしに関して知っておくべきいちばん大事なのは，他人から聞いたことがすべてほんとうとは限らない，ということ．

⌘

最初は性格がいいように見えなかった人が，実はそうだったとあとから気づくことがあるが，そういうのは好きだ．わたしだって決してニッコリしたりしない．そんなことは無意味だと思う．

わたしは

エゴ

を乗り越えた.

欲求不満はあらゆる犯罪の生みの親だが，わたしはまったく欲求不満じゃない．

わたしみたいな人たちにとって，孤独というのは勝利だ．闘って得るものなんだ．

わたしはこれまでずっと余計な荷物をかかえてきた．

わたしはいつでも忙しい．やればやるほどアイデアが湧いてくるんだ──それが不思議なところだ．脳というのは筋肉なので，わたしはボディビルダーみたいなものだ．

目は口ほどに物を言い，というが，わたしとしてはあまりそういうものを売りにしたくはない．だからサングラスをかける．

わたしの本性は純潔主義（ビューリタン）で，
それが支えになっている．
教育とはあまり関係がない．
むしろプロイセンの血筋
だってことと大いに関係している．
自分の影を飛び越えることは
できないものだ……．

ひょっとすると，わたしは
質問するより答えるほうが
得意なのかもしれない.

この世で大好きなことがひとつある——学ぶことだ.

〰

わたしにとって，この人に批判されたら気になる，っていう人はたぶん世界に 5 人くらいだ．それ以外は何を考えようが当人の勝手で，わたしとしてはまったくどうでもいい．

〰

わたしは決して自分に満足しない．いつでも，もっとうまくできるはずだ，わたしは怠け者だ，努力が足りない，と思う．

〰

わたしは物事を知りたい，すべてを知り尽くしたい．事情に精通していたい．わたしはよろず「コンシエルジュ」みたいなもので，知識人じゃない．

〰

わたしは家では絶対にメガネをかけない．その必要がない．

わたしは
根が顧客なんだ.
ショッピングが好きだ.

いまでも，表面的だというイメージを与えるのが好きだ．
真面目にはなりたくない．アホみたいなことを言って，頭
の悪い，表面的な人間みたいに振る舞うのが好きだ．
知識人や，重々しいメッセージほど退屈なものはないん
だから．わたしはメッセージ発信型じゃない．

わたしはかの悪名高いサングラスなしでは絶対に外出し
ない．見るのが好きなのであって，観察されるのは好き
じゃない．

何でも洗濯可能であってほしい．わたし自身も．

自分がこういう生き方をするように生まれついていること，こういうふうな伝説になるだろうということが，わたしにはずっとわかっていた．

親切にするのはかまわないが，外から見えてしまってはいけない．

わたしが演じられる役柄はひとつしかない——わたしだ．

落ち着くつもりはない．わたしはそういう性質の人間じゃないから．

過去の遺物で場所をふさぐのはきらいだ．ぞっとする！終わったものは終わったのであって，手の施しようがない．わたしは記憶には反対だ．いずれ店じまいしなくてはならない時がくる．野生の動物たちは本当にすごいと思う．彼らの場合，死んだら二度と私たちの目に触れることはないわけだろう．

わたしは
生鮮食品みたいなものだ.

わたしの言うことは
長持ちしない.

出典

メディア, 新聞雑誌, 書籍

Air France magazine • Another Mag • Art Auction • Bazaar • Connaissance des Arts • Daily Telegraph • Depeche Mode • Die Zeit • Elle • Elle UK • Elle Decoration India • France 2 • France 3 • Glass • GQ • ID magazine • Independent Style Magazine • Infolunettes • InStyle • L'Express • L'Officiel de la Mode • Le Figaro • Le Figaro Madame • Le Figaro Magazine • Le Parisien • Le Point • Le Temps de la Mode • Les Échos • Les Inrockuptibles • Libération • Libération Next • M le Magazine • Magazine • Marie-Claire • Metro • Mirabella • Mixte • New York Times Style Magazine • Newsweek • New York Magazine • Numéro • Observer Magazine • Obsession • Paris Capitale • Série Limitée • Stiletto spécial Chanel • Tatler • Télérama • The Times Luxx Magazine • Town and Country • Vice • Vogue Australia • Vogue France • VSD • W Magazine – Ykone • Süddeutsche Zeitung Magazin • The Karl Lagerfeld Diet

ドキュメンタリー, インタビュー

Canal + • CNN • Interview with Frédéric Beigbeder • Europe 1 • France 2 • France Inter • Gulfnews.com • Interviews by Alexandra Golovanoff • Karl.com • Karl Lagerfeld se dessine (Loïc Prigent, 2013) • Lagerfeld Confidential (Rodolphe Marconi, 2007) • Paris Première • Programme Nijinsky 2004 • RTL • TF1 • ZDF

編者について

パトリック・モリエス　Patrick Mauriès
作家・出版人で30冊以上の著作があり, カール・ラガーフェルドとは
文壇に登場したてのころから親交を結んだ.
ジャン゠クリストフ・ナピア　Jean-Christophe Napias
作家・翻訳家・編集者.

訳者について

中野勉　なかの・つとむ
翻訳家 (美術史・美術批評).
訳書にデュシャン＋トムキンズ『マルセル・デュシャン アフタヌーン・インタヴューズ』,
オブリスト『キュレーションの方法』, サルガド『わたしの土地から大地へ』,
フォスター『第一ポップ時代』など (いずれも小社刊).

カール・ラガーフェルドのことば

2020年6月30日　初版発行

著者
カール・ラガーフェルド

訳者
中野勉

日本語版デザイン監修＋DTP
加藤賢策（LABORATORIES）

発行者
小野寺優

発行所
株式会社河出書房新社
〒151-0051 東京都渋谷区千駄ヶ谷2-32-2

電話
03-3404-1201（営業）
03-3404-8611（編集）
http://www.kawade.co.jp/

Printed and bound in China
ISBN978-4-309-20792-6